Marina Schories

Indianerzöpfe

Marina Schories

Indianerzöpfe

Modische Hair-Wraps aus Garn, Federn und Perlen

Augustus Verlag

Inhalt

Vorwort

Ob Winnetou oder Pocahontas: Für Indianer haben sich Kinder und Jugendliche von jeher interessiert. Kein Faschingskostüm war über Generationen hinweg so beliebt wie das eines Indianerhäuptlings mit majestätischem Federschmuck oder das einer Squaw mit dicken, schwarzen Zöpfen.

Doch seit einiger Zeit liegen indianische Traditionen ganz besonders im Trend: Viele Menschen schätzen die Naturverbundenheit der Ureinwohner Amerikas und beschäftigen sich mit ihren Märchen und Weisheiten. Immer häufiger wird Indianerschmuck angeboten, und auf Straßenfesten und Jahrmärkten kann jeder eine seiner Haarsträhnen zum dauerhaften »Indianerzopf« bunt umwickeln lassen. Solche Zöpfchen, auch »Hair-Wraps« genannt, sind der Modehit auf Partys, in Diskotheken und am Strand, aber auch in Schulzimmern und Hörsälen. Doch man muß nicht bis zum nächsten Straßenfest warten: In einer knappen halben Stunde läßt sich ein dekorativer Indianerzopf selbst anfertigen und ganz nach dem eigenen Geschmack gestalten. Die Jüngsten lieben ihre Hair-Wraps möglichst bunt, mit Glöckchen und Perlen verziert, Ältere wählen ihre Lieblingsfarben passend zur Kleidung und schmücken den Zopf mit silbernen Zierelementen.

Als Material dient einfaches Stickgarn, das dicht um eine dünne Haarsträhne gewickelt wird. So kann der Zopf wochenlang getragen und ganz einfach mit dem Haar gewaschen werden. Wer Abwechslung liebt, nimmt statt der Haarsträhne einfach ein paar Garnfäden mehr und stellt das Zöpfchen »solo« her. Es wird dann mit einer Spange oder einem Haargummi in der Frisur befestigt. Das empfiehlt sich auch bei kleinen Kindern, die das ständige Tragen des Zöpfchens oft irritiert.

Aber jetzt kann's auch schon losgehen! Die Farbangaben und Gestaltungsideen in diesem Buch sollen nur als Anregungen dienen. Nach den ersten Zöpfchen sprudeln die Einfälle sicher ganz von selbst.

Ein herzliches Dankeschön an unsere geduldigen »Models« Sabine, Daniela, Barbara, Kira, Milena, Marie, Robbi, Frédéric und Philipp und allen Leserinnen und Lesern viel Spaß beim Wickeln und Knüpfen!

Marina Schories

Einführung

Auch wenn unsere Mode der »Indianerzöpfe« nur noch wenig mit den Ureinwohnern Nord- und Südamerikas zu tun hat, ist es doch interessant, sich ein wenig mit den indianischen Traditionen zu beschäftigen. Die Indianer liebten es, sich zu schmücken. Männer waren dabei oft eitler als die Frauen und trugen meist auffällige Haartrachten, wobei Zöpfe in allen Formen eine besondere Rolle spielten. Die Indianer schmückten sie mit Perlen, Federn, Knochen, Tierkrallen, Samenkernen, Schnecken, Muscheln und Lederstreifen. Durch den Handel mit den Weißen erwarben die Indianer Messing und Silber, das sie weiterverarbeiteten und für ihren Kopfschmuck verwendeten. Die Haartracht war oft stammesspezifisch, unterlag jedoch bis zu einem gewissen Grad dem persönlichen Geschmack und allerlei Modeerscheinungen. Bei einigen Stämmen besaß die Frisur auch eine zeremonielle Funktion.

Alle Hair-Wraps in diesem Buch tragen zwar die Namen von Indianerstämmen, diese Namen sind jedoch willkürlich ausgewählt und weisen keineswegs darauf hin, daß ein Muster oder eine Farbkombination auch einem bestimmten Stamm zuzuordnen wäre.

Im Gegensatz zu den südamerikanischen Freundschaftsbändern besitzen die Indianerzöpfe keinen Symbolcharakter. Sie sind ganz einfach ein origineller und modischer Haarschmuck, der bei uns allerdings anders als bei den Indianern mehr von Mädchen als von Jungen getragen wird. Besonders hübsch sehen passend zum Hair-Wrap gestaltete Hals- oder Armbänder aus.

Material

Um phantasievolle und farbenfrohe Hair-Wraps herzustellen, braucht man nicht viel Geld: Ein paar Meter Stickgarn in den Lieblingsfarben, eine Schere, eine Häkelnadel, eine Perle und eventuell ein Haargummi

in die Quere kommen. Wer die Zöpfe »solo« anfertigt, um sie nach Lust und Laune in die Haare zu stecken, braucht eine Sicherheitsnadel, um die Fäden zum Beispiel auf einem Kissen zu fixieren.

Die Perlen können aus Glas, Metall, Keramik oder Acryl sein. Für Zöpfe, die nur ab und zu mit Gummi oder Spange im Haar befestigt werden, eignen sich auch Bambus- oder andere Holzperlen. Wer Elemente aus Silberdraht herstellen möchte, braucht zusätzlich eine Spitzzange. Am Ende des Zopfes sehen eine oder mehrere Federn hübsch aus. Allerdings sollte man bedenken, daß die Federn unter starker Beanspruchung bald leiden, und sie deshalb vor allem für »lose« Zöpfe verwenden, die nicht Tag und Nacht im Haar bleiben und mitgewaschen werden.

Für alle Zöpfe in diesem Buch wurde Sticktwist oder Perlgarn aus Baumwolle verwendet. Besonders effektvoll wirken zusätzlich dünne, weiche Lederbänder in passenden Farben. Wollfäden und ähnliche Garne eignen sich nicht, vor allem dann nicht, wenn die Zöpfe längere Zeit im Haar bleiben sollen: Die Fäden könnten beim Duschen und Haarewaschen eingehen und dadurch das ganze Zöpfchen verschieben.

Die Farbangaben zu den einzelnen Zöpfen in diesem Buch beziehen sich auf die Farbtabelle der Garne von *Coats Mez.* Sie sind nur als Empfehlung gedacht, an die niemand sich sklavisch halten sollte: Selbstverständlich lassen sich auch mit anderen Farben und Fabrikaten ebenso schöne Ergebnisse erzielen. Auch recht gewagte Kombinationen ergeben oft erstaunliche Effekte. Auf Originalität kommt es schließlich an, und der eigenen Phantasie sind keine Grenzen gesetzt.

oder eine Haarklemme – falls der Zopf nicht direkt im Haar befestigt, sondern einzeln angefertigt werden soll – reichen schon aus. Eine große Haarklammer oder Spange bändigt den Haarschopf während der Arbeit,

und ein Stück dünner Karton oder ein Notizblatt im Format von etwa 10 x 10 cm mit einem Loch in der Mitte, durch das eine dünne Haarsträhne gezogen wird, verhindert, daß einem ständig »falsche« Haare

Vorbereitung

Für einen Zopf in schulterlangem oder längerem Haar werden vier bis fünf Fäden mit 180 bis 200 cm Länge zugeschnitten. Bei kürzerem Haar dürfen auch die Fäden kürzer sein. Ich arbeite aber am liebsten mit gut bemessenen Fäden, weil mir die verschiedenen Muster meist erst beim Wickeln einfallen. In der Mitte werden alle Fäden auf einer Länge von 3 bis 4 cm verflochten (Foto unten) und dann zusammengenommen: Dadurch haben wir acht bis zwölf Fäden mit einer Länge von 90 bis 100 cm.

*Alle Fäden in der Mitte zusammen-
legen, so daß sie doppelt liegen,
und mit dem Knick durch den Haargummi ziehen. Die Fadenenden
durch die entstandene Schlaufe
ziehen und so die Fäden dauerhaft
am Gummi befestigen.*

*Die Fäden unterhalb des Gummis
verknoten und den Knoten mit einer
Sicherheitsnadel auf einem Kissen
oder an einer Stuhllehne befestigen.*

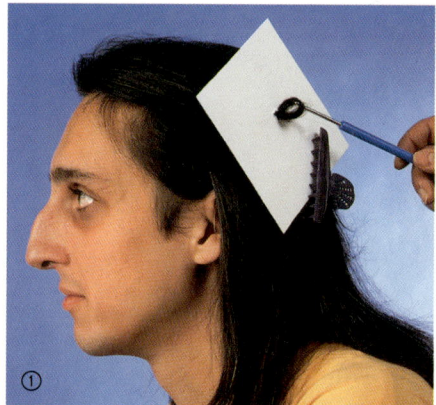

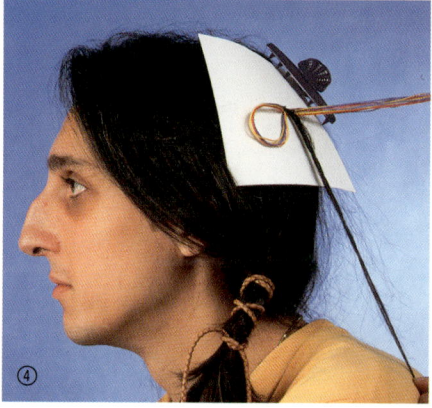

Mit der Häkelnadel zieht man nun eine Haarsträhne durch das Loch in der Mitte eines kleinen Blattes Papier oder Karton und flicht sie locker zum Zopf, um sie etwas zusammenzuhal-ten (Fotos 1–3). Die Fäden werden nun als Schlinge unter die Strähne gelegt und die Fadenenden um die Strähne herum durch die Schlinge gezogen (Fotos 4, 5). Die ganze Schlinge nun fest nach oben schie-ben und fest anziehen (Foto 6).

Wer einen Zopf nicht direkt im Haar anbringen, sondern sozusagen »auf Vorrat« anfertigen will, nimmt ein paar Fäden mehr und befestigt die obere Schlaufe nicht im Haar, sondern mit einer Sicherheitsnadel auf einem Kissen oder aber an einem Haargummi, der dann mit der Sicherheitsnadel auf dem Kissen

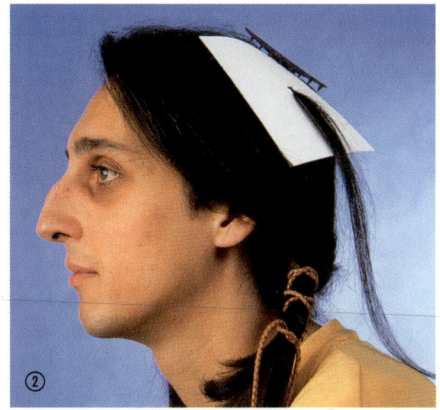

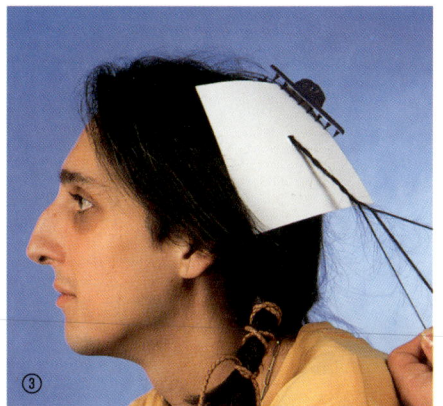

fixiert wird. Mit dem Haargummi werden dann später gleichzeitig die Haare zusammengehalten und das Zöpfchen befestigt.

Man kann aber auch eine Haarklemme durch die Garnschlaufe am oberen Ende des Zopfes schieben und den Zopf damit fast unsichtbar in der Frisur fixieren. Während der Arbeit ersetzt eine Sicherheitsnadel die Haarklemme: Sie hält die Fäden beispielsweise auf einem Kissen fest.

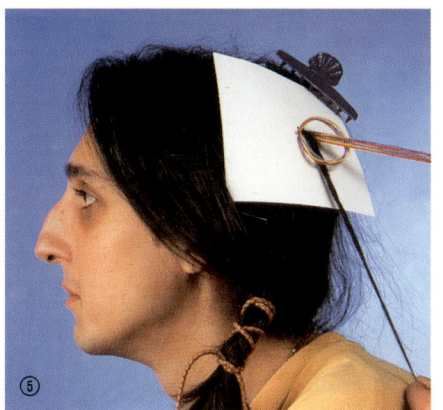

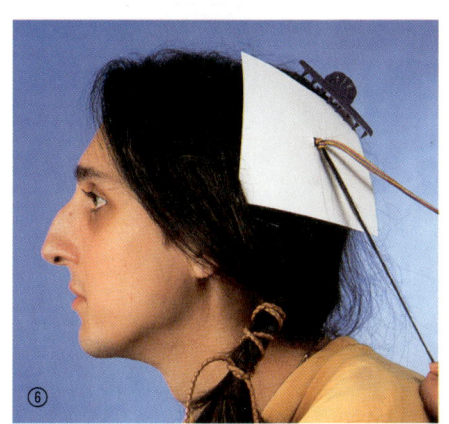

Die Fotos der Bildfolge 1 bis 6 zeigen, wie ein Hair-Wrap direkt an den Haaren befestigt wird. Ein Stück Papier, ca. 10 x 10 cm groß, mit einem Loch, durch das die Haarsträhne gezogen wird, verhindert, daß einem ständig »falsche« Haare in die Quere kommen.

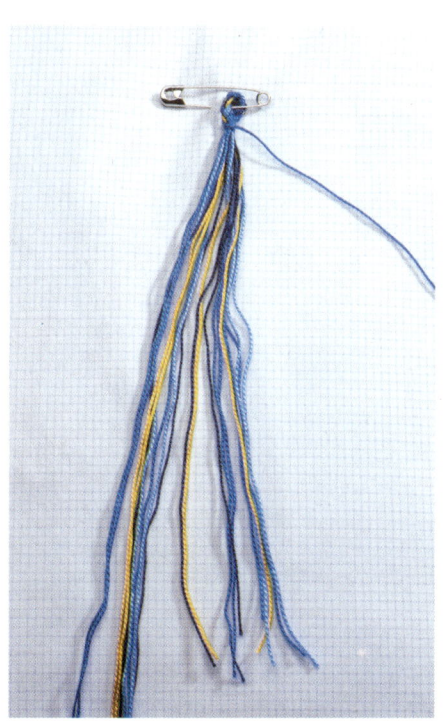

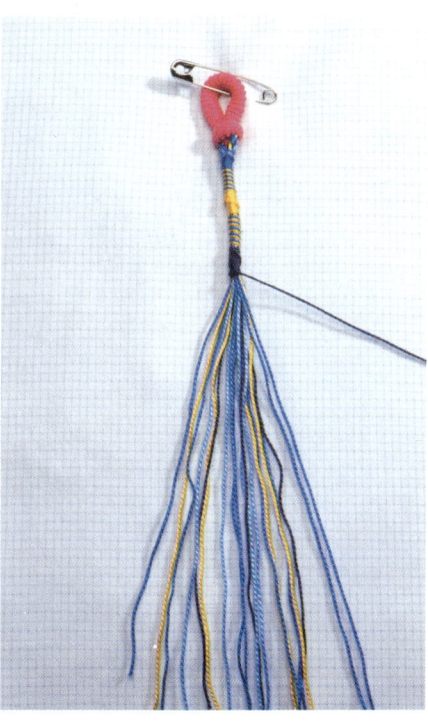

Wer die Hair-Wraps lieber Kleidung und Anlaß anpaßt, kann sie auch »solo« anfertigen und später mit Haarklemmen oder dem angearbeiteten Zopfgummi in der Frisur befestigen. Alle Fäden werden in der Mitte zusammengelegt. Für die Befestigung mit der Haarklemme werden die Fäden direkt unter dem Knick verknotet und mit einer Sicherheitsnadel auf einem Kissen fixiert (linkes Foto). Man kann aber auch einen Haargummi über die zusammengelegten Fäden schieben, die Fäden durch die Schlaufe ziehen und unterhalb des Gummis verknoten (rechtes Foto), bevor man den Gummi mit der Sicherheitsnadel auf dem Kissen feststeckt. Ob direkt im Haar oder einzeln angefertigt: Die Wickeltechnik ist für alle Hair-Wraps dieselbe.

Das Wickeln der Zöpfe

Alle Fäden und – sofern der Zopf direkt ins Haar eingearbeitet wird – die Haarsträhne in eine Handnehmen und mit der anderen den ersten Faden aus dem Fadenstrang nehmen. Mit vier Befestigungsschlaufen um das Bündel aus Haaren und Fäden beginnen: Für jede Befestigungsschlaufe den einzelnen Faden um das Bündel legen und durch die entstandene Schlinge ziehen (Zeichnung rechts).

Dann beginnt das Umwickeln nach der Anleitung beim jeweiligen Modell im Buch oder ganz nach der eigenen Phantasie. Ob man die Strähne in der linken Hand hält und mit der rechten wickelt, ob man von links nach rechts oder umgekehrt arbeitet, bleibt jedem selbst überlassen. Wichtig ist, daß die einmal gewählte Richtung immer beibehalten wird. Die Wicklungen müssen die darunterliegenden Fäden und Haare dicht an dicht bedecken, deshalb sollte man die Fäden fest an-

einanderschieben. So wird der Zopf schnell länger und länger. Wenn die Fäden lang genug sind, kann der Zopf sogar länger werden als das eigene Haar. Seine Dicke hängt von der Anzahl der Fäden ab. Ich empfehle acht bis zehn Fäden für einen Zopf, der direkt ins Haar gearbeitet wird. Für »lose« Zöpfe werden mehr Fäden benötigt.

Beim Wechsel der Fäden legt man den soeben benutzten Faden zu den anderen dazu und sucht sich einen neuen aus. Man kann auch mit zwei Fäden gleichzeitig wickeln: Bei gleichfarbigen Fäden wächst der Zopf schneller, bei verschiedenfarbigen ergibt sich ein dekoratives Ringelmuster.

Haarsträhne und Fadenstrang werden dicht an dicht umwickelt. Dabei sind neben einfachen Streifen- und Ringelmustern (linkes Foto) auch dekorative Kreuze möglich (rechtes Foto).

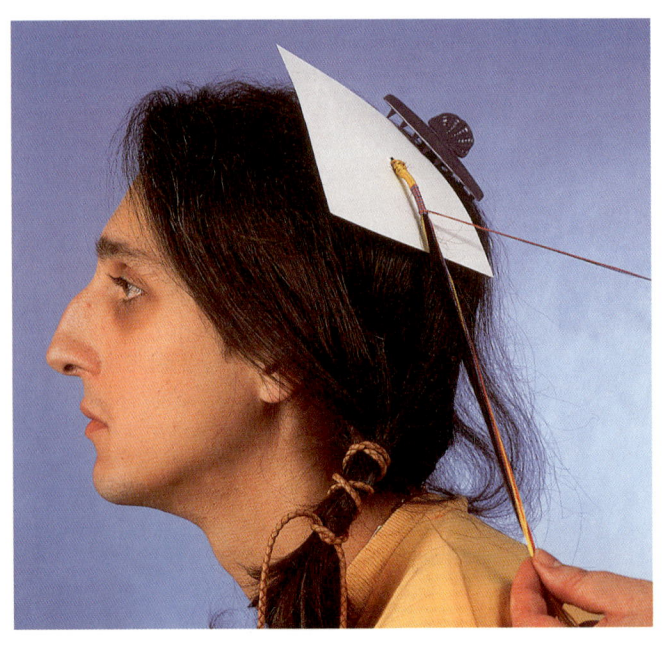

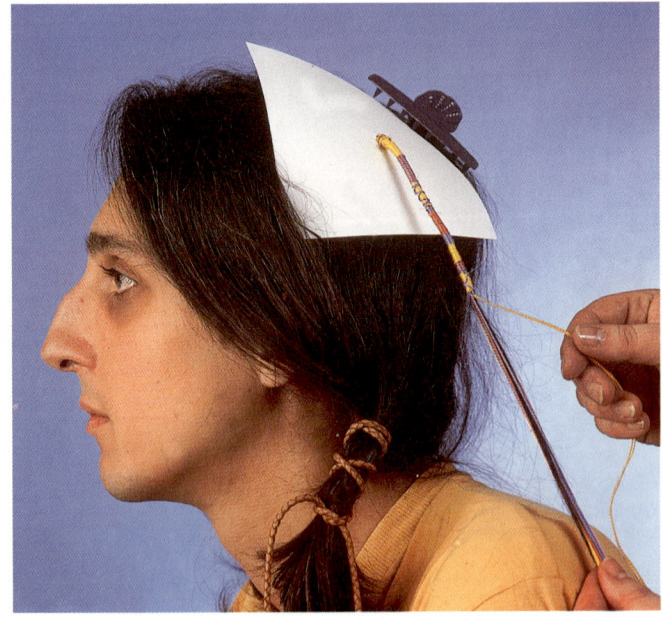

Die wesentlichen Musterelemente sind breitere oder schmälere Streifen in verschiedenen Farben, Ringel, Kreuze und kleine Wülste aus Befestigungsschlaufen. Ein Fall für geduldige Menschen sind Webmuster wie beim Zopf »Pawnee« (Seite 47).

Für **Farbstreifen** wird einfach ein Faden aus dem Bündel ausgewählt und sehr dicht um den ganzen Strang gewickelt, wie oben beschrieben. In den Arbeitsanleitungen ist entweder die Anzahl der Wicklungen oder ein Maß in Zentimetern angegeben.

Für **Ringel** werden zwei verschiedenfarbige Fäden parallel um den restlichen Strang geführt. Aber Vorsicht: Die Fäden müssen immer parallel verlaufen, dürfen nicht übereinander zu liegen kommen und sich nicht überkreuzen – außer, man möchte dadurch einen besonderen Effekt erzielen.

Eine Reihe schräger **Kreuze** entsteht, wenn man über einen einfarbigen Streifen einen andersfarbigen Faden diagonal nach oben und wieder nach unten führt.

Die **Befestigungsschlaufe** eignet sich nicht nur für Anfang und Ende des Zopfes, sondern auch als dekoratives Element, das dem Hair-Wrap Struktur gibt. Statt den Faden nur um die Strähne zu wickeln, knüpft man einfach eine Reihe von Befestigungsschlaufen (siehe Zeichnung Seite 10), die dann spiralförmig als kleiner Wulst um den Zopf laufen.

Webmuster entstehen, wenn man während des Wickelns immer wieder einige Faden aus dem Strang nach oben legt, weiterwickelt, die »geparkten« Fäden wieder nach unten klappt, weiterwickelt und so weiter.

Streifen

Ringel

Kreuze

Wülste aus Befestigungsschlaufen

Webmuster

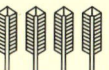

Mein Tip:

Immer den längsten Faden aus dem Strang für die nächsten Wicklungen auswählen!

Wenn der Zopf die richtige Länge erreicht hat, beendet man ihn wieder mit vier Befestigungsschlaufen und verknotet alle Fäden. Falls die Fäden am Ende des Zopfes noch lang genug sind, kann man eine Perle aufziehen und mit einem Knoten sichern.

Keine Sorge, wenn der Zopf zunächst noch ziemlich steif erscheint: Weich wird er während des Tragens von selbst. Zöpfe, die von Anfang an weicher gearbeitet werden, lösen sich zu leicht auf.

Die Indianerzöpfe in diesem Buch sind nach dem Schwierigkeitsgrad geordnet. Die Anzahl der Federn zeigt an, ob ein Band einfach zu knüpfen ist oder einige Erfahrung erfordert:

Das schaffen auch Anfänger.

Etwas für fortgeschrittene Einsteiger.

Erfordert geschickte Hände!

Eine Herausforderung für Könner

Apache 🪶

Material

Anchor Perlgarn Nr. 5
(Coats Mez)
9 Fäden/200 cm:
3 Fäden blau (134);
je 2 Fäden schwarz (403),
weiß (1) und grau (400)
1 Keramikperle
1 Haargummi

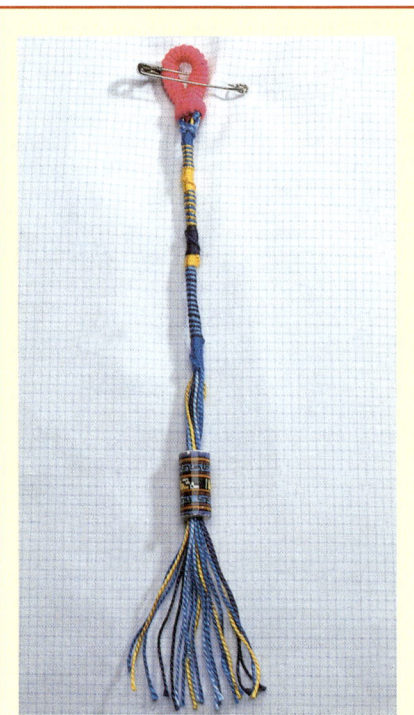

Wenn der Zopf lang genug ist (hier nur ein Muster), wird die Perle auf alle Fäden aufgezogen. Fäden verknoten und ein Stück unter der Perle abschneiden.

So wird's gemacht

Der Zopf ist »lose« gearbeitet, also nicht direkt am Haar befestigt. Alle Fäden in der Mitte zusammenlegen, so daß sie doppelt liegen, und am Haargummi befestigen (siehe Seite 8/9).

A 1 Faden blau: 3 bis 4 Befestigungsschlaufen, danach 10 Wicklungen.

B 1 Faden weiß: 10 Wicklungen.

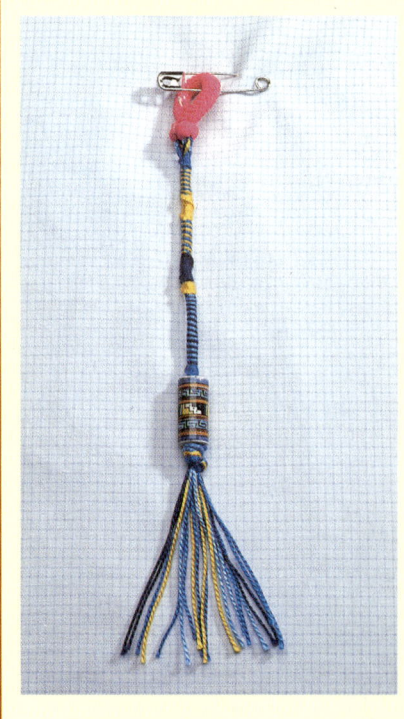

C Von nun an bis zur gewünschten Länge in der Farbfolge Grau, Schwarz, Blau, Weiß mit jeweils einem Faden den übrigen Strang zehnmal umwickeln.

D Mit dem letzten Arbeitsfaden 3 bis 4 Befestigungsschlaufen. Alle Fäden verknoten.

E Perle aufziehen und mit einem Knoten sichern. Restliche Fäden bis auf 1,5 bis 2 cm abschneiden.

Oglala

Material

Anchor Perlgarn Nr. 5
(Coats Mez)
7 Fäden/200 cm:
je 2 Fäden dunkelgrün (189)
und blau (169);
je 1 Faden hellgrün (185) hellblau (928) und schwarz (403)
1 Keramikperle
Haargummi

So wird's gemacht

Der Zopf ist »lose« gearbeitet, also nicht direkt an den Haaren befestigt. Vorbereitung siehe Seite 8/9.

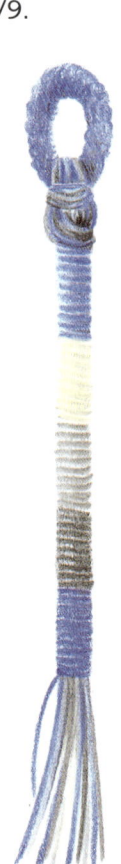

A 2 Fäden dunkelgrün:
2 cm wickeln.

B 2 Fäden hellgrün:
2 cm wickeln.

C 1 Faden schwarz:
5 Wicklungen.

D 1 Faden hellgrün:
5 Wicklungen.

E 1 Faden schwarz:
5 Wicklungen.

F 1 Faden grün:
5 Wicklungen.

G 1 Faden blau:
5 Wicklungen.

H 1 Faden hellblau:
5 Wicklungen.

I 1 Faden schwarz:
5 Wicklungen

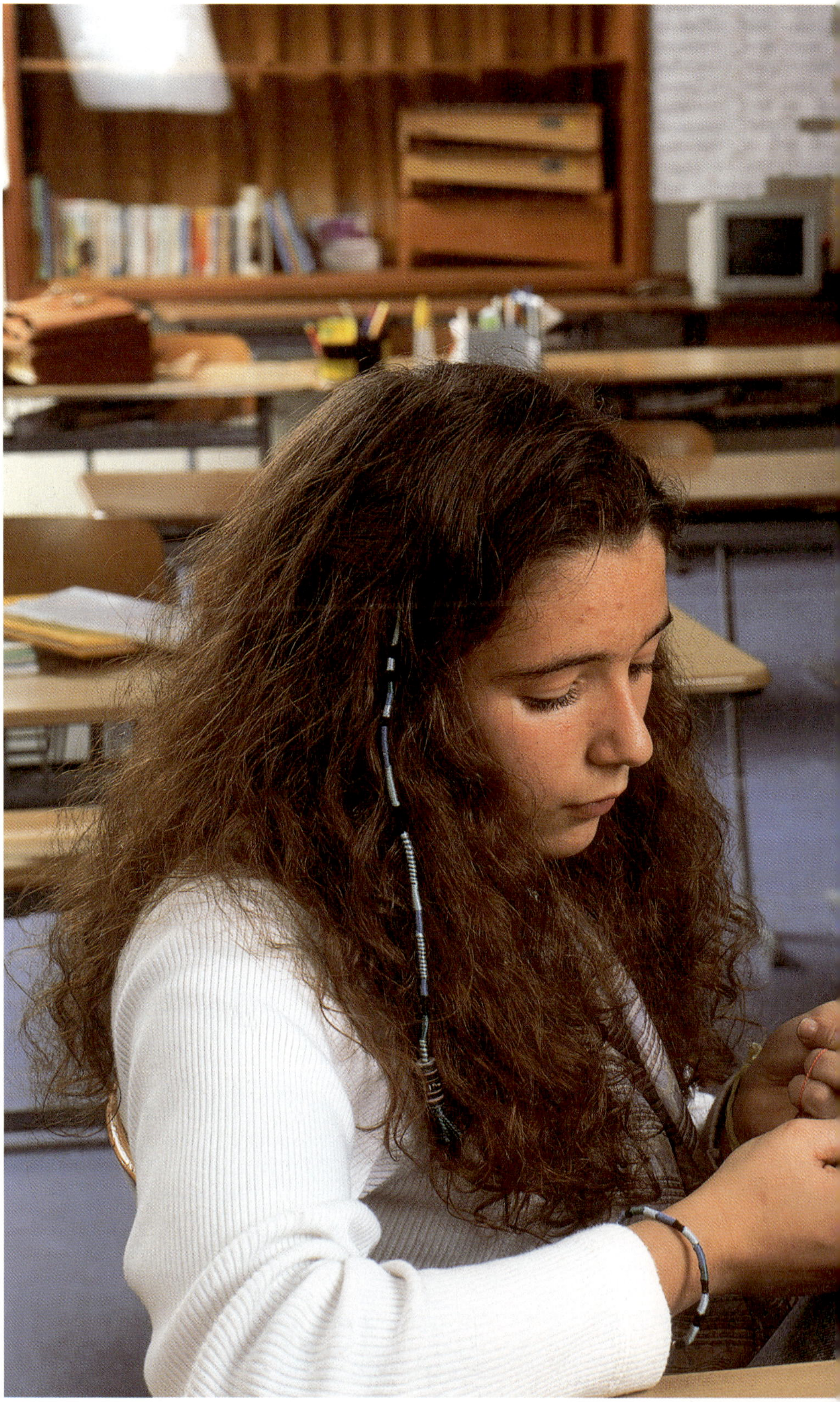

Armband

Wenn die restlichen Fäden lang genug sind, läßt sich ein passendes Armband daraus arbeiten:

Alle Fäden verknoten und mit einer Sicherheitsnadel auf einer festen Unterlage – an den eigenen Jeans oder auf einem Kissen – befestigen (siehe Zeichnung). Die Wicklungen nach dem gleichen Prinzip wie beim Zopf arbeiten. Nach etwa 18 cm mit 3 bis 4 Befestigungsschlaufen beenden.

Knoten am oberen Ende lösen und ebenfalls 3 bis 4 Befestigungsschlaufen anbringen.

Als Verschluß an beiden Enden eine Kalotte (siehe Modell »Sioux«, S. 20) befestigen oder selbst einen Verschluß aus Silberdraht herstellen.

J 2 Fäden blau: 2 cm wickeln.

K 2 Fäden hellgrün: 2 cm wickeln.

L 1 Faden schwarz: 1,5 cm wickeln.

M 1 Faden hellgrün und 1 Faden grün: 2 cm wickeln.

N 2 Fäden hellgrün: 1 cm wickeln.

O 2 Fäden blau: 1 cm wickeln.

P 1 Faden hellgrün und 1 Faden grün: 2 cm wickeln.

Q 1 Faden blau: 1 cm wickeln

R 1 Faden schwarz: 1 cm wickeln.

S 1 Faden grün: 1 cm wickeln.

T 1 Faden grün und 1 Faden hellgrün: 2 cm wickeln.

U 1 Faden schwarz: 1 cm wickeln. 3 bis 4 Befestigungsschlaufen als Abschluß.

V Perle aufziehen, mit Knoten sichern und Restfäden abschneiden.

Kickapoo

Material

Anchor Perlgarn Nr. 5
(Coats Mez)
6 Fäden/180 cm:
je 2 Fäden hellblau (433),
blau (410) und gelb (291)
1 Keramikperle

So wird's gemacht

Der Zopf ist um eine Haarsträhne gearbeitet. Vorbereitung siehe Seite 8/9.

A 2 Fäden blau: 4 Befestigungsschlaufen, anschließend 3 cm wickeln.

B 2 Fäden gelb: 2 cm wickeln.

C 1 Faden hellblau: auf Gelb kreuzen.

D 2 Fäden blau: 1 cm wickeln.

E 1 Faden gelb und 1 Faden hellblau: 3 cm wickeln.

F 2 Fäden blau: 2 cm wickeln.

G 1 Faden gelb: auf Blau kreuzen.

H 2 Fäden hellblau: 1,5 cm wickeln.

I 1 Faden gelb und 1 Faden blau:
1,5 cm wickeln.

J 1 Faden blau: 2 cm mit Befestigungsschlaufen umknüpfen.

K 1 Faden gelb und 1 Faden blau:
3 cm wickeln.

L 1 Faden hellblau und 1 Faden blau:
1 cm wickeln.

M 1 Faden gelb: 1,5 cm mit Befestigungsschlaufen umknüpfen.

N 1 Faden blau und 1 Faden hellblau: 2,5 cm wickeln.

O 1 Faden gelb: 5 Wicklungen.

P 1 Faden blau: 5 Wicklungen.

Q 1 Faden gelb: 5 Wicklungen.

R 1 Faden blau: 5 Wicklungen.

S 1 Faden gelb und 1 Faden blau:
2 cm wickeln. Als Abschluß 3 Befestigungsschlaufen.

T Perle aufziehen und mit einem
Knoten sichern.

Mescalero

Material

Anchor Perlgarn Nr. 5
(Coats Mez)
8 Fäden/180 cm:
je 4 Fäden rot (335)
und weiß (1)

So wird's gemacht

Der Zopf ist »lose« gearbeitet.
(Wer ihn direkt an einer Haarsträhne
anbringen will, nimmt nur drei
Fäden von jeder Farbe.) Alle Fäden
in der Mitte zusammenlegen, so daß
sie doppelt liegen, und mit einer
Sicherheitsnadel an einem Kissen
oder einer Stuhllehne befestigen.
Durch die Schlaufe am oberen Ende
kann später statt der Sicherheitsnadel eine Haarklemme geschoben
werden, die den Zopf unsichtbar in
der Frisur festhält. Natürlich kann
man aber auch einen Haargummi
einarbeiten, wie auf Seite 8/9
beschrieben.

A 1 Faden rot: 3 Befestigungsschlaufen, anschließend 2 cm wickeln.

B 1 Faden weiß und 1 Faden rot:
1,8 cm wickeln.

C 2 Fäden rot: 1,5 cm wickeln.

D 1 Faden weiß und 1 Faden rot:
2 cm wickeln.

E 2 Fäden rot: 3 Wicklungen.

F 2 Fäden weiß: 3 Wicklungen.

G 2 Fäden rot: 3 Wicklungen.

H 2 Fäden weiß: 3 Wicklungen.

I 2 Fäden rot: 3 Wicklungen.

J 1 Faden rot und 1 Faden weiß:
1,5 cm wickeln.

K Punkt ***E*** bis ***I*** wiederholen.

L 2 Fäden weiß: 2 cm wickeln.

M 2 Fäden rot: 3 Wicklungen.

N 1 Faden rot und 1 Faden weiß:
1,5 cm wickeln.

O 2 Fäden rot: 3 Wicklungen.

P 2 Fäden weiß: 1 cm wickeln.

Q 1 Faden rot: 2 Wicklungen.

R 1 Faden weiß: 1 cm wickeln.

S 1 Faden rot: 2 Wicklungen.

T 2 Fäden weiß: 1,5 cm wickeln.

U 2 Fäden rot: 3 Wicklungen.

V 1 Faden rot und 1 Faden weiß: 2 cm wickeln.

W 2 Fäden rot: 3 Wicklungen.

X 1 Faden rot und 1 Faden weiß: 1,5 cm wickeln.

Y 2 Fäden weiß: 1 cm wickeln.

Z 2 Fäden rot: 1 cm wickeln. 3 Befestigungsschlaufen. Alle Fäden verknoten und 3,5 bis 4 cm unter dem Knoten abschneiden.

Daniela trägt neben dem rot-weiß gemusterten Hair-Wrap »Mescalero« den bunten Zopf »Pawnee«, der auf Seite 47f. beschrieben ist. Frédéric hat sich mit dem Modell »Azteke« geschmückt.

Azteke 🌾🌾🌾

Material

Anchor-Perlgarn
(Coats Mez)
5 Fäden/200 cm:
2 Fäden hellgrün (187);
Je 1 Faden dunkelblau (149),
grün (923) und blau (169)
1 Haargummi
1 großer und 2 kleine grüne
Steine, mit Silber gefaßt
(Teile einer alten Kette, Ohr-
ringe o.ä.)

So wird's gemacht

Der Zopf ist »lose« gearbeitet und
wird mit dem Haargummi in der Frisur befestigt. Alle Fäden in der Mitte
zusammenlegen, so daß sie doppelt
liegen, und am Haargummi befestigen (siehe Seite 8/9).

A 1 Faden hellgrün: 3 Befestigungsschlaufen, 1,5 cm wickeln.

B Nacheinander mit je 1 Faden dunkelblau, hellgrün, grün, blau, hellgrün und dunkelblau jeweils 5 Wicklungen.

C 1 Faden grün und 1 Faden hellgrün; 3 cm wickeln.

D 1 Faden blau: 1,5 cm wickeln.
Mit 1 Faden grün auf dem blauen
Abschnitt kreuzen.

E 1 Faden hellgrün: 5 Wicklungen.

F Nacheinander mit je 1 Faden dunkelblau, blau, hellgrün und grün
jeweils 5 Befestigungsknoten.

G 1 Faden blau und 1 Faden dunkelblau: 2 cm wickeln.

H 1 Faden blau: 1 Befestigungsschlaufen. Silberdrahtfassung eines
kleinen Steins aufziehen. 2 cm Befestigungsschlaufen.

I 1 Faden hellgrün: 2 cm wickeln.

J 1 Faden blau: 1 cm wickeln.

K Punkt **H** mit 1 Faden grün wiederholen.

L 1 Faden blau und 1 Faden dunkelblau: 2 cm wickeln.

M 1 Faden grün und 1 Faden hellgrün: 2 cm wickeln.

N 1 Faden hellgrün: 1,8 cm Befestigungsschlaufen.

O 1 Faden blau und 1 Faden hellgrün: 2 cm wickeln.

P 1 Faden grün: 2 cm Befestigungsschlaufen.

Q Alle Fäden verknoten. Den
großen, mit Silberdraht gefaßten
Schmuckstein mit zwei Fäden an den
Zopf anknoten. Alle Fäden 1 cm
unter dem Knoten abschneiden.

Sioux ❙

So wird's gemacht

Der Zopf wird an einem Haargummi
befestigt, mit dem man beispielsweise die »Rattenschwänze« kleiner
Mädchen abbinden und gleichzeitig
mit dem Hair-Wrap schmücken kann.

A Fäden am Haargummi befestigen,
wie auf Seite 8/9 beschrieben.
1 Faden gelb: 3 bis 4 Befestigungsschlaufen, anschließend 2 cm
wickeln.

B In der Farbfolge Blau, Rot, Weiß,
Schwarz, Gelb, Blau, Gelb jeweils mit
einem Faden 0,5 cm wickeln.

C Punkt **B** zwei- bis dreimal wiederholen, bis der Zopf die gewünschte
Länge erreicht hat. Mit dem letzten
Arbeitsfaden 3 Befestigungsschlaufen.

D 1 rote, 1 silberfarbene, 1 rote Perle
aufziehen und darunter alle Fäden
verknoten. Restliche Fäden ca. 4 cm
unter dem Knoten abschneiden.

Armband

Die restlichen Fäden verknoten und
mit einer Sicherheitsnadel auf einem
Kissen oder an einer Stuhllehne
befestigen. In der Farbfolge des
Zopfes wickeln, bis das Armband
lang genug ist, und am Ende alle
Fäden verknoten. Über jedes der
beiden Enden eine Kalotte des Ver-
schlusses stecken und mit einer
Zange zusammendrücken.

Wer mag, kann auch mit Hilfe einer
Spitzzange einen einfachen Verschluß aus Silberdraht anfertigen
und am Armband (oder einem nach
gleichem Muster angefertigten Hals-
band) befestigen.

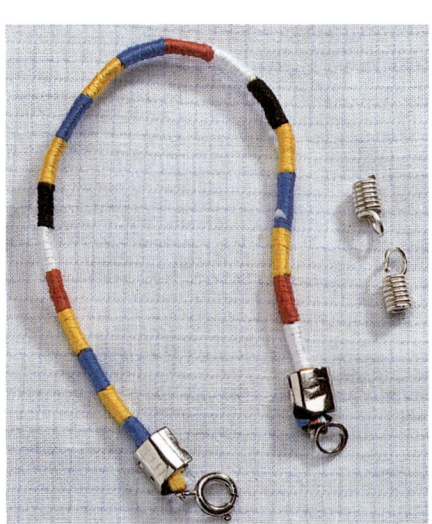

Missouri ❙❙❙

So wird's gemacht

Der Zopf ist »lose« gearbeitet und
wird mit dem Haargummi in der Frisur befestigt. Alle Fäden in der Mitte
zusammenlegen, so daß sie doppelt
liegen, und am Haargummi befestigen (siehe Seite 8/9).

A 2 Fäden blau: 15 Wicklungen.

B 1 Faden schwarz und 1 Faden
orange: 10 Wicklungen, 1 Befestigungsschlaufe.

(Fortsetzung Seite 22)

*Milena (links) gefällt der Zopf
»Sioux« mit passendem Armband
besonders gut. Ihre Schwester Marie
ist begeistert über die bunten Perlen
und das Glöckchen am Modell
»Missouri«.*

C Auf den längsten Faden vier Perlen aufziehen, über die letzte Perle den Faden ziehen und durch die anderen drei Perlen zurückführen. Faden wieder mit dem restlichen Strang vereinigen (Zeichnung rechts).

D 2 Fäden grün: 15 Wicklungen.

E 1 Faden weiß und 1 Faden orange: 15 Wicklungen, 1 Befestigungsschlaufe.

F Punkt *C* wiederholen.

G 2 Fäden schwarz: 15 Wicklungen.

H 1 Faden grün und 1 Faden blau: 12 Wicklungen, 1 Befestigungsschlaufe.

I Punkt *C* wiederholen.

J 2 Fäden weiß: 15 Wicklungen.

K 1 Faden schwarz und 1 Faden orange: 12 Wicklungen.

L Alle Fäden verknoten. 1 Faden schwarz in eine Nadel einfädeln, 4 Perlen aufziehen, über die vierte und durch die drei übrigen Perlen zurück in den Knoten stechen. Diesen Vorgang mit dem gleichen

Faden noch dreimal wiederholen und den Faden schließlich im Knoten vernähen.

M Die restlichen Fäden in zwei Hälften teilen, die kleine Glocke aufziehen und die Fäden so verknoten, daß sie rechts und links von der Glocke abstehen. Alle Fäden auf die Länge der Perlenstränge abschneiden.

Schoschone

Material

Anchor-Perlgarn
(Coats Mez)
6 Fäden/190 cm:
je 2 Fäden schwarz (403),
braun (382) und rot (72)
1 Haargummi
2-3 Bambusröhrchen
(Länge 25 mm, (4 mm; aus dem Hobbyfachhandel oder von südamerikanischen Händlern z.B. auf Märkten)
1-2 Federn

So wird's gemacht

Der Zopf ist »lose« gearbeitet und wird mit einem Haargummi in der Frisur befestigt.

A Alle Fäden in der Mitte zusammenlegen, so daß sie doppelt liegen, und am Haargummi befestigen (siehe Seite 8/9). 1 Faden schwarz:

3 bis 4 Befestigungsschlaufen, anschließend 1,5 cm wickeln.

B 1 Faden rot: 2 cm Befestigungsschlaufen.

C 1 Faden rot und 1 Faden schwarz: 2 cm wickeln. 1 Bambusröhrchen auf alle Fäden ziehen.

D Unterhalb des Bambusröhrchens weiterarbeiten. 1 Faden schwarz: 2 cm Befestigungsschlaufen knüpfen. 1 Bambusröhrchen auf alle Fäden ziehen.

E Unterhalb des Bambusröhrchens weiterarbeiten. 1 Faden rot: 2 cm Befestigungsschlaufen knüpfen.

F 1 Faden schwarz: 1 cm wickeln.

G 1 Faden braun: 1 cm wickeln.

H 1 Faden rot: 1 cm Befestigungsschlaufen knüpfen. Evtl. das dritte Bambusröhrchen aufziehen oder 2,5 cm als Spannfäden ohne Wicklung oder Knüpfung lassen (der Zopf wird dann an dieser Stelle weicher und beweglicher; da der Zopf nicht ständig getragen wird, spielt die dadurch geringere Haltbarkeit kaum eine Rolle).

I 1 Faden braun und 1 Faden rot: 2 Befestigungsschlaufen, anschließend 2,5 cm wickeln.

J 1 Faden schwarz: 1 cm wickeln.

K 1 Faden braun: 1,5 cm wickeln.

L 1 Faden schwarz und 1 Faden rot: 2,5 cm wickeln.

M 1 Faden rot: 1 cm wickeln.

N 1 Faden schwarz: 1 cm wickeln.

O 1 Faden braun: 1 cm wickeln.

P 1 Faden schwarz: 1 cm wickeln.

Q Keramikperle aufziehen und darunter alle Fäden verknoten.

R Die Feder(n) mit ca. 10 Befestigungsschlaufen ans untere Ende des Zopfes knüpfen oder mit einem Tropfen Bastelkleber in der Perle befestigen. Alle Fäden abschneiden.

Mein Tip:

In Philipps kurzem Haar lassen sich die modischen Zöpfchen nur schwer fixieren. Aber natürlich will er nicht nur zuschauen, wie seine Schwestern Milena und Marie geschmückt werden. Ich habe den Zopf erst mit einer Haarklemme unsichtbar verankert und anschließend mit einem Lederband um Stirn und Hinterkopf zusätzlich festgehalten.

Yuma

Material

Anchor-Sticktwist
(Coats Mez)
5 Fäden/200 cm:
2 Fäden rosé (8);
je 1 Faden braun (1050),
gelb (292) und grün (213)
1 Perle (Muschelsplitter
in Acryl)
1 Haargummi
evtl. Kalottenverschluß oder
Silberdraht für das Armband
evtl. 1 Perle für das Armband

So wird's gemacht

Der Zopf ist »lose« gearbeitet und wird mit einem Haargummi oder mit einer Haarklemme in der Frisur befestigt.

A Fäden in der Mitte zusammenlegen, so daß sie doppelt liegen, und am Haargummi befestigen (siehe Seite 8/9). 1 Faden braun: 5 Befestigungsschlaufen.

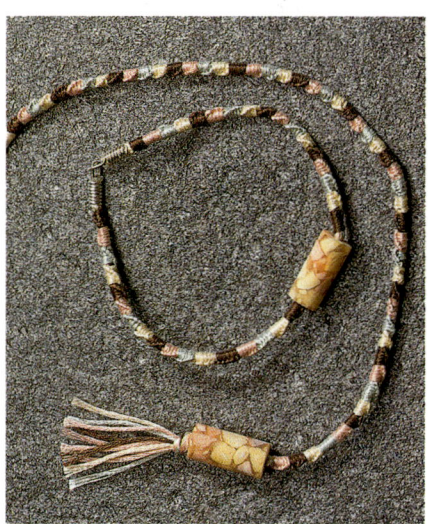

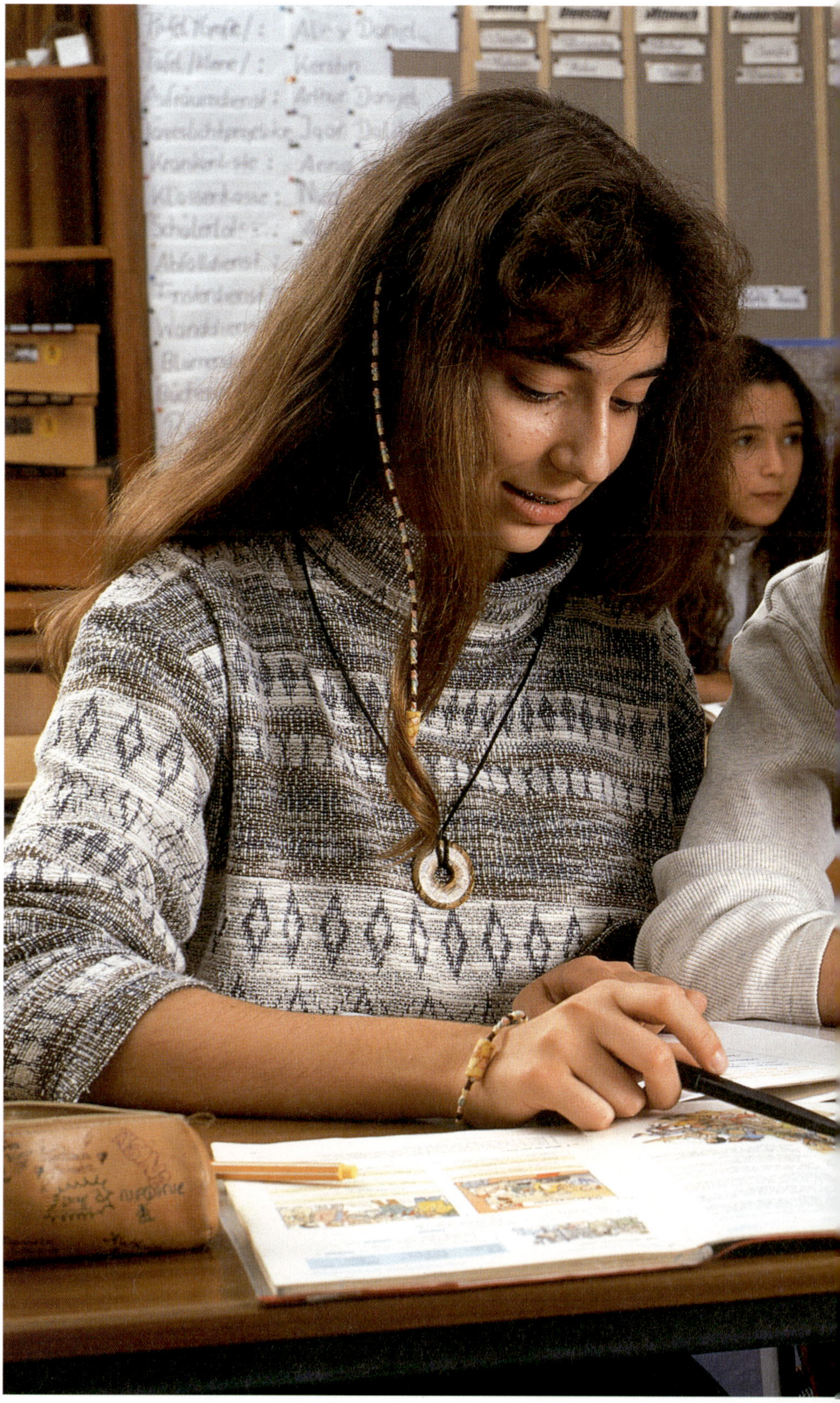

Armband »Yuma«

B In der Farbfolge Rosé, Grün, Gelb, Braun mit je 1 Faden jeweils 5 Befestigungsschlaufen knüpfen.

C Punkt **B** wiederholen, bis der Zopf lang genug ist (ca. 28 bis 30 cm).

D Perle auf alle Fäden aufziehen und durch einen Knoten sichern. Alle Fäden 3 cm unter dem Knoten abschneiden.

So wird's gemacht

Die 10 Fäden zusammennehmen und die Perle bis zur Mitte aufziehen. Hinter der Perle alle Fäden verknoten, eine Sicherheitsnadel durch den Knoten schieben und die Fäden damit auf einem Kissen befestigen (siehe Zeichnung). Nach dem gleichen Schema wie beim Zopf knüpfen, bis die eine Seite des Armbandes ca. 6 cm lang ist. Knoten auflösen. Das Armband auf der bereits umknüpften Seite feststecken und die andere Seite ebenfalls umknüpfen. Kalottenverschluß oder einen selbst angefertigten Verschluß aus Silberdraht anbringen.

Ein wenig Geduld ist für den Zopf »Yuma« nötig, das Daniela (links) zusammen mit dem passenden Armband trägt. Der blonden Sabine stehen Blau und Weiß des Hair-Wraps »Cherokee« besonders gut (Beschreibung nächste Seite).

Cherokee

Material

Anchor Perlgarn Nr. 5
(Coats Mez)
8 Fäden/160 cm:
je 4 Fäden blau (410)
und weiß (1)
1 Haargummi
1 bunte Keramikperle

So wird's gemacht

Der Zopf ist »lose« gearbeitet und wird mit Haargummi oder Spange in der Frisur befestigt. Wer eine Haarsträhne umwickeln will, läßt bei jeder Farbe einen Faden weg. Der fertige Zopf ist ca. 30 cm lang.

A Fäden in der Mitte zusammenlegen, so daß sie doppelt liegen, und am Haargummi oder an einer Sicherheitsnadel befestigen (siehe Seite 8/9). 2 Fäden blau: 2 bis 3 Befestigungsschlaufen, anschließend 2 cm wickeln.

B 1 Faden blau und 1 Faden weiß: 1,5 cm wickeln.

C Mit jeweils 1 Faden weiß bzw. blau 5x abwechselnd 1 cm wickeln. Der erste und der letzte Streifen sind weiß.

D 1 Faden blau und 1 Faden weiß: 2 cm wickeln.

E 1 Faden weiß: 2 cm wickeln. 1 Faden blau auf dem weißen Stück nach oben und wieder zurück führen: Es sind Kreuze entstanden.

F 1 Faden blau: 1 cm wickeln.

G 1 Faden weiß: 1 cm wickeln.

H 2 Fäden blau: 2 cm wickeln.

I 1 Faden weiß und 1 Faden blau: 2 cm wickeln.

J 1 Faden blau: 1,5 cm wickeln. 1 Faden weiß: auf dem blauen Stück kreuzen (siehe Punkt **E**).

L 1 Faden weiß: 3 Wicklungen

M 1 Faden weiß und 1 Faden blau: 1 cm wickeln.

N 1 Faden blau: 1 cm wickeln.

O 1 Faden blau und 1 Faden weiß: 1 cm wickeln.

P 1 Faden weiß: 5 Wicklungen.

Q 1 Faden blau: 2,5 cm wickeln.

R 1 Faden blau und 1 Faden weiß: 1 cm wickeln. 3 Befestigungsschlaufen.

S Perle auf alle Fäden ziehen und mit einem Knoten sichern. Alle Fäden 2 bis 3 cm unter dem Knoten abschneiden.

Mohikaner

Viele Jungen mögen eher dezente Farben, deshalb habe ich für Robbis Zopf Töne in Braun und Grün ausgewählt.

Material

Anchor-Sticktwist
(Coats Mez)
6 Fäden/190 cm
je 1 Faden dunkelgrün (878),
hellbraun (371), graugrün
(860), dunkelbraun (1050);
2 Fäden creme (1009)
1 Haargummi
1 Hornperle

So wird's gemacht

Der Zopf ist »lose« gearbeitet und wird mit dem Haargummi in der Frisur befestigt. Alle Fäden in der Mitte zusammenlegen, so daß sie doppelt liegen, und am Haargummi befestigen (siehe Seite 8/9).

A 2 Fäden dunkelgrün: 3 Befestigungsschlaufen, 15 Wicklungen.

B 1 Faden creme und 1 Faden braun: 10 Wicklungen, 1 Befestigungsschlaufe.

C 1 Faden braun: 4 cm Befestigungsschlaufen.

D 1 Faden graugrün und 1 Faden dunkelgrün: 15 Wicklungen, 1 Befestigungsschlaufe.

E 1 Faden dunkelgrün: 3,5 cm Befestigungsschlaufen.

F 2 Fäden creme: 3 cm wickeln.

G 2 Fäden dunkelgrün: 5 Wicklungen.

H 2 Faden hellbraun: 5 Wicklungen.

I 2 Fäden graugrün: 5 Wicklungen.

J 1 Faden hellgrün und 1 Faden creme: 15 Wicklungen.

K 1 Faden creme: 3 cm Befestigungsschlaufen.

L 1 Faden dunkelgrün: 2 cm wickeln, 3 Befestigungsschlaufen.

M Alle Fäden verknoten, Perle aufziehen und mit einem weiteren Knoten sichern. Die restlichen Fäden 1 bis 2 cm unter dem Knoten abschneiden.

Chiricahua

Material

Reflecta (Coats Mez)
1 Faden/180 cm silber (301)
Anchor Sticktwist *(Coats Mez)*
5 Fäden/180 cm:
je 1 Faden schwarz (403),
stahlblau (922)
und blau (1036);
2 Fäden hellblau (1032)
1 Haargummi
2 längliche Metallperlen
1 große, linsenförmige
Metallperle

So wird's gemacht

Dieser sehr elegante Zopf ist, wie fast alle Modelle in diesem Buch, »lose« angefertigt, also nicht direkt mit einer Haarsträhne verbunden worden. Alle Fäden in der Mitte zusammenlegen, so daß sie doppelt liegen, und am Haargummi befestigen (siehe Seite 8/9).

A 1 Faden hellblau: 2,5 cm Befestigungsschlaufen.

B 1 Faden schwarz und 2 Fäden silber: 2,8 cm wickeln (Fäden dabei schön parallel führen!).

C 1 Faden blau und 1 Faden stahlblau: 2 cm wickeln.

D 1 Faden hellblau: 2 cm wickeln.

E 2 Fäden silber: 3 Wicklungen.

F 2 Fäden schwarz: 3 Wicklungen.

G 2 Fäden silber: 3 Wicklungen.

H 1 Faden schwarz und 1 Faden hellblau: 1 cm wickeln.

I 1 Faden stahlblau: 2 cm Befestigungsschlaufen.

J 1 längliche Metallperle über den ganzen Fadenstrang ziehen und bis zur letzten Befestigungsschlaufe hochschieben.

K Unterhalb der Perle weiterarbeiten. 2 Fäden silber und 1 Faden blau: 1,5 cm Befestigungsschlaufen.

L 1 Faden schwarz und 2 Fäden silber: 1,8 cm wickeln.

M 1 Faden hellblau: 1 cm wickeln.

N 1 Faden blau: 2 cm Befestigungsschlaufen.

O 1 längliche Metallperle über den ganzen Fadenstrang ziehen und bis zur letzten Befestigungsschlaufe hochschieben.

P 1 Faden hellblau: 1,5 cm Befestigungsschlaufen.

Q 1 Faden schwarz und 2 Fäden silber: 2 cm wickeln, anschließend 3 bis 4 Befestigungsschlaufen.

R Linsenförmige Perle aufziehen und mit einem Knoten sichern. Alle Fäden 1,5 cm unter dem Knoten abschneiden.

Mein Tip:

Falls das Aufziehen der Perlen Schwierigkeiten bereitet, fädeln Sie die einzelnen Garnfäden ins Öhr einer langen Nadel und führen sie so durch das Loch der Perle.

Iowa

Material

Anchor-Sticktwist
(Coats Mez)
6 Fäden/180 cm:
je 1 Faden weiß (1) und
schwarz (403), je 2 Fäden
rot (22) und creme (1009)
1 Haargummi
ca. 15 cm Silberdraht
(Ø 0,8 mm)
Spitzzange
11 kleine schwarze Glasperlen
9 kleine rote Glasperlen
2 kleine weiße Glasperlen
1 etwas größere naturfarbene
Holzperle

So wird's gemacht

Auch dieser Zopf wird »lose« angefertigt und mit Gummi oder Spange
im Haar befestigt. Zunächst wird das
lustige Männlein für den Abschluß
gebastelt (siehe Kasten). Alle 6 Fäden
in der Mitte zusammenlegen, so daß
sie doppelt liegen, und am Haargummi befestigen (siehe Seite 8/9).

A 1 Faden rot und 1 Faden weiß: 2,5 cm Befestigungsschlaufen.

B In den Farben Schwarz, Creme, Rot und Weiß nacheinander mit jeweils 1 Faden 5 Wicklungen.

C 1 Faden schwarz und 1 Faden creme: 2 cm wickeln.

D 1 Faden rot: 5 Wicklungen.

E 1 Faden schwarz: 5 Wicklungen.

F 1 Faden rot: 1,5 cm wickeln, anschließend mit 1 Faden creme auf dem roten Stück kreuzen.

G 1 Faden creme: 1 cm wickeln.

H 1 Faden schwarz: 5 Wicklungen.

I 1 Faden rot und 1 Faden weiß. 2,5 cm wickeln.

J 1 Faden schwarz: 2 cm wickeln, anschließend mit 1 Faden creme auf dem schwarzen Abschnitt kreuzen.

K 1 Faden rot: 2 cm Befestigungsschlaufen.

L 1 Faden schwarz: 1 cm wickeln.

M 1 Faden weiß: 5 Wicklungen.

N 1 Faden rot: 1 cm wickeln.

O 1 Faden weiß: 5 Wicklungen.

P 1 Faden creme: 1,5 cm wickeln.

Q 1 Faden schwarz: 2 cm Befestigungsschlaufen.

R 1 Faden creme: 2 cm wickeln und mit 1 Faden rot auf dem cremefarbenen Abschnitt kreuzen.

S Alle Fäden verknoten. Mit zwei Fäden das Perlenpüppchen am Zopf befestigen und alle Fäden abschneiden.

Perlenpüppchen

Die Einzelteile für das Perlenpüppchen werden nach den Angaben in der Zeichnung mit einer feinen Spitzzange aus Silberdraht und Perlen angefertigt und zusammengesetzt. Mit einem feinen, wasserfesten Filzstift kann man am Schluß noch ein Gesicht auf die Holzperle malen.

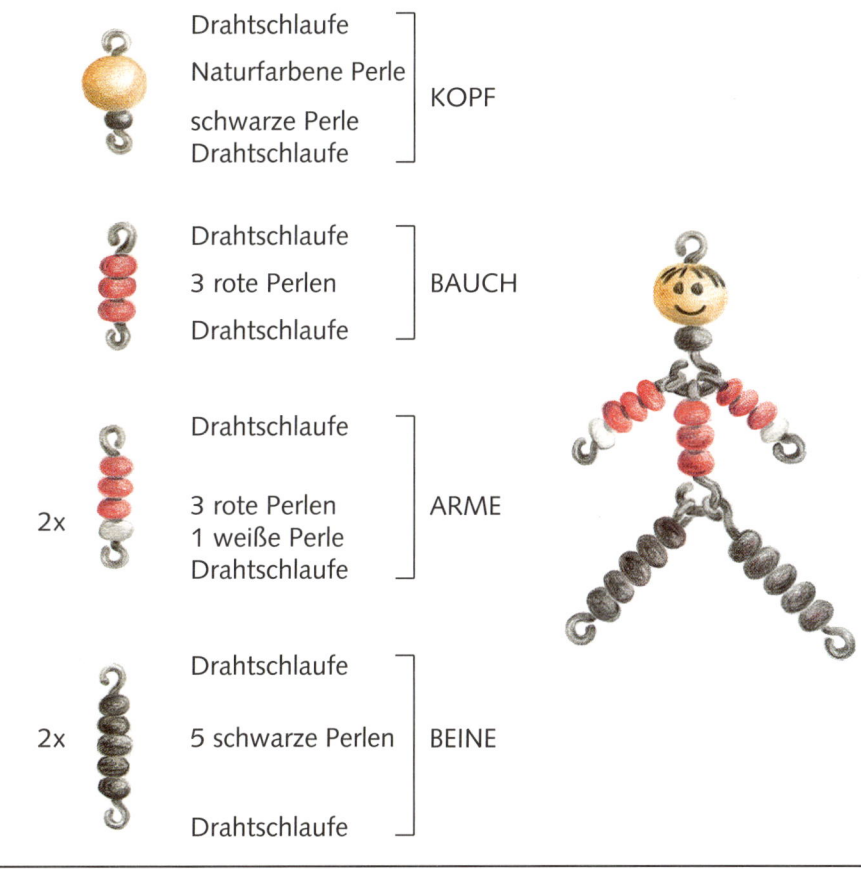

Comanche

Material

Anchor-Perlgarn
(Coats Mez)
5 Fäden/180 cm:
2 Fäden hellblau (130);
je 1 Faden mittelblau (433),
blau (410) und dunkelblau
(149)
1 Haargummi
1 silberne Feder (Schmuck-
stände auf Märkten und in
Kaufhäusern)

So wird's gemacht

Der Zopf ist »lose« gearbeitet und wird mit dem Haargummi in der Frisur befestigt. Wie die meisten der hier vorgestellten Zöpfe kann er aber auch direkt mit einer Haarsträhne verbunden werden. Alle Fäden in der Mitte zusammenlegen, so daß sie doppelt liegen, und am Haargummi befestigen (siehe Seite 8/9).

A 1 Faden blau: 2 cm Befestigungsschlaufen.

B 1 Faden blau und 1 Faden hellblau: 1,5 cm wickeln.

C 1 Faden dunkelblau: 2 cm wickeln und anschließend mit 1 Faden hellblau auf dem blauen Abschnitt kreuzen.

D Nacheinander jeweils 5 Wicklungen mit je 1 Faden der Farben Mittelblau, Dunkelblau, Blau und Hellblau.

E 1 Faden dunkelblau und 1 Faden blau: 2,5 cm wickeln.

F 1 Faden hellblau: 1,8 cm wickeln und anschließend mit 1 Faden dunkelblau auf dem hellblauen Abschnitt kreuzen.

G Nacheinander jeweils 5 Wicklungen mit je 1 Faden der Farben Blau, Dunkelblau, Mittelblau und Hellblau.

H 1 Faden dunkelblau und 1 Faden blau: 2,5 cm wickeln.

I 1 Faden hellblau und 1 Faden blau: 2 cm wickeln.

J 1 Faden hellblau und 1 Faden mittelblau: 3 cm wickeln.

K 1 Faden dunkelblau: 1 cm wickeln und anschließend mit 1 Faden hellblau auf dem dunkelblauen Abschnitt kreuzen.

L 1 Faden hellblau: 3 Wicklungen.

M Nacheinander jeweils 5 Wicklungen mit je einem Faden der Farben Blau, Hellblau und Dunkelblau.

N 1 Faden mittelblau: 2 bis 2,5 cm Befestigungsschlaufen.

O Alle Fäden verknoten und die silberne Feder mit 2 Fäden befestigen. Fäden ca. 1 cm nach dem Knoten abschneiden.

Creek

Material

Anchor-Perlgarn Nr. 5
(Coats Mez)
4 Fäden/200 cm:
2 Fäden blau (149); je 1 Faden grün (923) und weiß (1)
1 Haargummi
je 6 Holzperlen in den Farben Blau, Weiß und Grün
1 lange Nadel mit großem Öhr

So wird's gemacht

Der Zopf ist »lose« gearbeitet und wird mit dem Haargummi in der Frisur befestigt. Alle Fäden in der Mitte zusammenlegen, so daß sie doppelt liegen, und am Haargummi befestigen (siehe Seite 8/9).

A 1 Faden grün: 1,5 cm Befestigungsschlaufen.

B 1 Faden weiß: 5 Wicklungen.

C Nacheinander jeweils 5 Befestigungsschlaufen mit je einem Faden der Farben Grün, Weiß und Blau.

D 1 Faden grün: 2 cm wickeln und anschließend mit 1 Faden weiß auf dem grünen Abschnitt kreuzen.

E 1 Faden weiß: 5 Wicklungen.

F 1 Faden blau und 1 Faden weiß: 2,5 cm wickeln.

G 1 Faden blau: 1 cm wickeln.

H 1 Faden blau und 1 Faden weiß: 2 cm wickeln (Fäden immer parallel halten!).

I 1 Faden grün und 1 Faden blau: 2 cm wickeln.

J 1 Faden grün: 1 cm wickeln und mit 1 Faden weiß auf dem grünen Abschnitt kreuzen.

K 1 Faden blau: 2,5 cm Befestigungsschlaufen.

L 1 weiße, 1 blaue und 1 grüne Perle je auf 1 Faden auffädeln und ganz nach oben schieben.

M 1 Faden weiß: 1,8 cm Befestigungsschlaufen. Die erste Schlaufe fest nach oben schieben, damit die Perlen gut fixiert sind.

N Punkt **L** wiederholen.

O Faden blau: 1,8 cm Befestigungsschlaufen.

P Punkt *L* wiederholen.

Q 1 Faden grün: 2 cm Befestigungs-schlaufen.

R 1 Faden blau und 1 Faden weiß. 1,5 cm wickeln.

S 1 Faden blau: 1 cm Befestigungs-schlaufen. Alle Fäden verknoten und auf drei Fäden jeweils 1 weiße, 1 blaue und 1 grüne Perle ziehen und mit einem dicken Knoten sichern. Alle Fäden unterhalb der Knoten abschneiden. (Wer nicht Perlen und Fransen am Ende seines Zopfes möchte, kann auch zweimal drei und einmal zwei Fäden durch die Perlen ziehen und unter den Perlen verknoten.)

Crow

Material

Anchor-Sticktwist
(Coats Mez)
4 Fäden/180 cm:
je 1 Faden schwarz (403)
und grau (400); 2 Fäden
hellgrau (398)
Reflecta (Coats Mez)
2 Fäden/180 cm:
je 1 Faden silber (301)
und blau (316)
1 Metallperle
1 Haargummi

So wird's gemacht

Der Zopf ist »lose« gearbeitet und
wird mit dem Haargummi in der Frisur befestigt. Alle Fäden in der Mitte
zusammenlegen, so daß sie doppelt
liegen, und am Haargummi befestigen (siehe Seite 8/9).

A Fäden in drei Stränge teilen und
4 cm weit zum Zopf flechten.

B 1 Faden grau und 1 Faden blau:
1,5 cm Befestigungsschlaufen.

C 1 Faden schwarz: 1,5 cm wickeln
und anschließend mit 1 Faden silber
auf dem schwarzen Abschnitt kreuzen.

D 1 Faden silber und 1 Faden blau:
1 cm wickeln.

E 1 Faden schwarz, 1 Faden grau,
1 Faden silber und 1 Faden blau:
2,5 cm wickeln (Fäden genau parallel halten!)

F 1 Faden grau: 2 cm Befestigungsschlaufen.

G Fäden in 3 Stränge teilen und
4 cm weit zum Zopf flechten.

H 1 Faden schwarz: 1,5 cm Befestigungsschlaufen.

I 1 Faden grau, 1 Faden silber,
1 Faden schwarz: 2 cm wickeln.

J 1 Faden hellgrau: 1,5 cm wickeln
und anschließend mit 1 Faden blau
auf dem hellgrauen Abschnitt kreuzen.

K 1 Faden hellgrau: 3 Wicklungen.

L 1 Faden blau: 5 Wicklungen.

M 1 Faden schwarz: 3 Wicklungen.

N Faden blau: 5 Wicklungen.

O 1 Faden grau: 5 Wicklungen.

P 1 Faden blau: 3 Wicklungen.

Q 1 Faden hellgrau: 5 Wicklungen.

R 1 Faden schwarz und 1 Faden silber: 1 cm wickeln.

S 1 Faden hellgrau: 2 cm Befestigungsschlaufen.

T Perle aufziehen und alle Fäden unter der Perle ein- bis zweimal verknoten. Fäden 3 cm unter dem Knoten abschneiden.

Mein Tip:

Dieser Zopf ist besonders dünn. Besonders effektvoll wirken deshalb mehrere solcher Zöpfe gleichzeitig.

Delaware

Material

Anchor-Perlgarn Nr. 5
(Coats Mez)
5 Fäden/200 cm:
2 Fäden türkis (169);
je 1 Faden rostbraun (460),
schwarz (403) und silber-
grau (398)
Reflecta (Coats Mez)
2 Fäden/200 cm:
je 1 Faden blau (316)
und silber (301)
1 silberner Ohrring
Silberdraht (Ø 0,8 mm)
Spitzzange

So wird's gemacht

Der Zopf ist »lose« gearbeitet und wird mit dem Haargummi in der Frisur befestigt. Alle Fäden in der Mitte zusammenlegen, so daß sie doppelt liegen, und am Haargummi befestigen (siehe Seite 8/9).

A 1 Faden türkis: 1,5 cm Befestigungsschlaufen.

B 1 Faden türkis, 1 Faden grau und 1 Faden silber: 2 cm wickeln (Fäden genau parallel halten!).

C 1 Faden schwarz und 1 Faden braun: 1 cm wickeln.

D 1 Faden schwarz und 1 Faden silber: 1,5 cm wickeln.

E 2 Fäden türkis und 1 Faden blau: 3 cm wickeln.

F 1 Faden rostbraun: 2,5 cm Befestigungsschlaufen.

G 1 Faden grau, 1 Faden silber, 1 Faden blau: 2,5 cm wickeln.

H 1 Faden türkis und 1 Faden grau: 4 Wicklungen.

I 1 Faden türkis: 2 cm wickeln. Mit 1 Faden grau auf dem türkisen Abschnitt kreuzen.

J 1 Faden schwarz und 1 Faden silber: 2 cm wickeln.

K 1 Faden grau: 2 cm Befestigungsschlaufen.

L 1 Faden türkis und 1 Faden blau: 1,8 cm wickeln.

M 1 Faden schwarz und 1 Faden silber: 1,5 cm wickeln.

N 1 Faden türkis und 1 Faden silber: 2 cm wickeln.

O 1 Faden türkis und 1 Faden rostbraun: 5 Wicklungen.

P 1 Faden schwarz und 1 Faden silber: 5 Wicklungen, 3 bis 4 Befestigungsschlaufen.

Q Alle Fäden abschneiden.

R Aus dem Silberdraht mit der Zange eine etwa 1,5 cm lange, kegelförmige Spirale formen. An der Spitze eine Öse bilden, in die der Anhänger des Ohrrings eingehängt wird (Ohrring abzwicken). Die Spirale auf das Zopfende stecken und mit der Zange die oberste Wicklung fest zusammendrücken, damit die Spirale nicht vom Zopf rutschen kann.

Cheyenne 🪶🪶🪶

Material

Anchor-Perlgarn Nr. 5
(Coats Mez)
7 Fäden/210 cm:
3 Fäden weiß (1); 4 Fäden
schwarz (403)
Reflecta (Coats Mez)
2 Fäden/210 cm:
je 1 Faden silber (301)
und grün-blau (316)
1 schwarze Glasperle
(Ø 12 mm)
3 kleine Federn
feiner Draht

So wird's gemacht

Der Zopf ist »lose« gearbeitet und
wird mit dem Haargummi in der Frisur befestigt. Alle Fäden in der Mitte
zusammenlegen, so daß sie doppelt
liegen, und am Haargummi befestigen (siehe Seite 8/9).

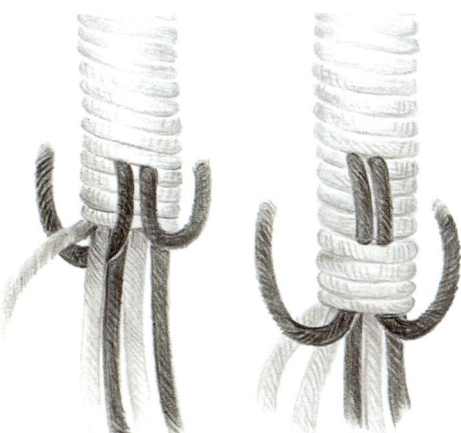

*Der Anfang dieses Zopfes ist in »Web-
technik« gearbeitet (Punkt B). Wer
sich dafür besonders interessiert,
findet verschiedene solcher Muster
beim Zopf »Pawnee« (Seite 47).*

A 2 Fäden weiß: 3 Befestigungs-schlaufen, 9 Wicklungen.

B 2 Fäden schwarz aus dem Strang nehmen, nach oben legen und mit den beiden weißen Fäden den Strang unter den schwarzen Fäden zweimal umwickeln. Die beiden schwarzen Fäden wieder zum Strang nehmen, zweimal mit den weißen Fäden umwickeln. Noch dreimal die schwarzen Fäden nach oben neh-men und nach zwei Wicklungen wieder zum Strang hinzufügen. Schließlich 9 Wicklungen mit den beiden weißen Fäden.

C 1 Faden schwarz: 1 cm wickeln.

D 2 Fäden schwarz und 1 Faden silber: 2,5 cm wickeln.

E 1 Faden weiß und 1 Faden schwarz: 1,5 cm wickeln.

F 1 Faden weiß: 1 cm wickeln.

G 1 Faden schwarz: 1 cm wickeln.

H 1 Faden weiß: 1 cm wickeln.

I 2 Fäden schwarz: 3 cm wickeln, anschließend mit 1 Faden weiß auf dem schwarzen Abschnitt kreuzen, Befestigungsschlaufe.

J 1 Faden weiß: 1 cm wickeln.

K 1 Faden schwarz, 1 Faden silber und 1 Faden grünblau: 1,5 cm wickeln.

L 1 Faden schwarz und 1 Faden weiß: 2,5 cm wickeln.

M 1 Faden grünblau und 2 Fäden weiß: 2 cm wickeln.

N 1 Faden schwarz: 1 cm wickeln.

O 1 Faden weiß: 1 cm wickeln.

P 1 Faden schwarz: 1 cm wickeln.

Q 1 Faden weiß. 1 cm wickeln.

R 1 Faden weiß und 1 Faden schwarz: 3 Wicklungen.

S 1 Faden schwarz: 1,5 cm wickeln.

T 1 Faden weiß: 1 cm wickeln, anschließend mit 1 Faden schwarz auf dem weißen Abschnitt kreuzen.

U 1 Faden weiß und 2 Fäden schwarz: 1,5 cm wickeln.

V 1 Faden weiß: 8 Wicklungen

W 1 Faden schwarz: 4 Wicklungen.

X 1 Faden weiß: 8 Wicklungen.

Y 1 Faden schwarz und 1 Faden silber: 1 cm wickeln.

Z Alle Fäden verknoten, die schwarze Perle aufziehen und mit einem weiteren Knoten sichern. Schließlich die Enden der drei Federn mit feinem Draht umwickeln, mit einem Tropfen Bastelkleber versehen und in der Perle festkleben. Die Fäden ca. 2 cm unterhalb des Kno-tens abschneiden.

Kiowa 🪶🪶🪶

Material

Anchor-Perlgarn Nr. 5
(Coats Mez)
7 Fäden/200 cm:
je 1 Faden braun (382),
schwarz (403) und weiß (1);
je zwei Fäden blau (149) und
grau (400)
1 flaches, dünnes Lederband,
schwarz, 100 cm
Silberdraht, (Ø 0,8 mm)
Spitzzange
2 bis 3 Federn
1 Haargummi

So wird's gemacht

Der Zopf ist »lose« gearbeitet und
wird mit dem Haargummi in der Frisur befestigt. Alle Fäden in der Mitte
zusammenlegen, so daß sie doppelt
liegen, und am Haargummi befestigen (siehe Seite 8/9).

A Das Lederband zum Fadenstrang
legen. Es wird mit umwickelt.
1 Faden blau: 3 cm Befestigungsschlaufen.

B Lederband: 4,5 cm wickeln.

C 1 Faden weiß: 1,5 cm Befestigungsschlaufen.

D 2 Fäden grau: 2,5 cm wickeln,
1 Befestigungsschlaufe. Mit 1 Faden
blau auf dem grauen Abschnitt
kreuzen.

E 1 Faden blau und 1 Faden weiß:
5 Wicklungen.

F 1 Faden braun: 1 cm wickeln.

G 1 Faden weiß: 5 Wicklungen.

H Lederband: 4 cm wickeln.

I 1 Faden grau: 2 cm Befestigungsschlaufen.

J 1 Faden blau und 2 Fäden braun:
2 cm wickeln.

K 1 Faden weiß: 1 cm Befestigungsschlaufen.

L Lederband: 4 cm wickeln.

M 1 Faden blau: 1,5 cm wickeln.
Mit 1 Faden weiß auf dem blauen
Abschnitt kreuzen.

N 1 Faden schwarz: 1 cm Befestigungsschlaufen

O Vorbereitete Federn zum Fadenstrang legen und den »Drahtstiel«
einarbeiten. 1 Faden grau: 2,5 cm
Befestigungsschlaufen um Fadenstrang und Silberdraht. Alle Fäden
oberhalb der Silberdrahtfassung für
die Federn abschneiden.

Mein Tip:

Die Befestigungsschlaufen stabilisie-
ren den Zopf, so daß er kaum aufge-
hen kann.

Mohawk ≀≀≀

Material

Anchor-Sticktwist
(Coats Mez)
schwarz (403)
14 Fäden 80-90 cm
2 Fäden 160 cm
1 rundgeflochtenes, weinrotes
Lederband (ca. 45 cm lang)
1 Feder rot-schwarz
1 Haargummi
1 Nadel, 7 cm lang mit
großem Öhr (Polsternadel)

So wird's gemacht

Der Zopf ist »lose« gearbeitet und
wird mit dem Haargummi in der Frisur befestigt. 5 der kürzeren Fäden
in der Mitte zusammenlegen, so daß
sie doppelt liegen, und am Haargummi befestigen (siehe Seite 8/9).
Das rote Lederband zwischen die
schwarzen Fäden legen.

A 2 Fäden schwarz: 5 Befestigungsschlaufen um das Leder.

B Punkt **A** 5x wiederholen, dabei
immer wieder die Fäden wechseln
(jeweils die längsten Fäden auswählen).

C 8 Fäden abschneiden, mit den beiden letzten Fäden weitere 5 Befestigungsschlaufen. Fäden in die Nadel
einfädeln und durch die Knüpfarbeit
zurückstechen (Zeichnung links).
Fäden abschneiden.

D 9 cm unterhalb des ersten schwarzen Abschnitts 1 Faden schwarz
doppelt nehmen und als Schlaufe
um das Lederband legen. Fadenenden durch die Schlaufe ziehen und
den Faden so befestigen (Zeichnung
rechts).

E 4 cm Befestigungsschlaufen,
beenden wie bei Punkt **A** bis **C**.

F In der gleichen Weise fortfahren:
3,5 cm freilassen, 2 cm umknüpfen,
2 cm freilassen, 2 cm umknüpfen,
2 cm freilassen, 2 cm umknüpfen,
4 cm freilassen.

G 2,5 cm umknüpfen und dabei die
Feder mit einknüpfen. Beenden wie
unter Punkt **C** beschrieben.

Blackfoot ≀≀≀

Material

Anchor-Perlgarn Nr. 5
4 Fäden/200 cm:
je 1 Faden braun (382), gold
(891), rostbraun (460) und
schwarz (403)
1 flaches, weiches Lederband,
naturfarben, ca. 85 cm
1 bis 2 kleine Federn
30 cm Silberdraht (Ø 0,8 mm)
Spitzzange
1 Haargummi

So wird's gemacht

Der Zopf ist »lose« gearbeitet und
wird mit dem Haargummi in der Frisur befestigt. Alle Fäden in der Mitte
zusammenlegen, so daß sie doppelt
liegen, und am Haargummi befestigen (siehe Seite 8/9).

A 1 Faden gold und 1 Faden rostbraun: 3 cm Befestigungsknoten

B Lederband zum Garnstrang legen.
Weitere 0,5 cm Befestigungsknoten
(Farben wie unter **A**). Lederband:
2,5 cm wickeln.

C 2 Fäden schwarz: 1 cm wickeln.
(Das Lederband läuft im Zopf mit.)

D 2 Fäden rostbraun: 2 cm wickeln,
1 Befestigungsknoten. Mit 1 Faden
gold auf dem rostbraunen Abschnitt
kreuzen.

*Kiras Zopf »Mohawk« (links) ist fast
einen halben Meter lang. Ihr Bruder
Robbi trägt den Zopf »Blackfoot«.*

E 1 Faden gold: 5 Wicklungen.

F Nacheinander jeweils 5 Wicklungen mit je 1 Faden rostbraun, schwarz, gold, rostbraun, schwarz.

G Lederband: 10 Wicklungen.

H 1 Faden schwarz und 1 Faden rostbraun: 3 cm wickeln.

I Lederband: 10 Wicklungen.

J 2 Fäden gold: 3 cm wickeln. Mit 1 Faden braun auf dem goldfarbenen Abschnitt kreuzen.

K Lederband: 10 Wicklungen.

L 2 Fäden schwarz: 1 cm wickeln.

M Lederband: 10 Wicklungen, 1 Befestigungsschlaufe.

N Die vorbereitete Feder (siehe Kasten »Federschmuck«) zum Strang aus Garn und Leder dazulegen und mit einarbeiten. 2 Fäden braun: Befestigungsknoten bis zur Silberdrahtspirale. Alle Fäden abschneiden.

Federschmuck

Die Kiele der Federn zusammenlegen und mit Silberdraht dicht an dicht spiralförmig umwickeln. Nach einigen Zentimetern den Draht etwa 6 cm senkrecht nach oben und wieder zurück führen. So entsteht ein Stäbchen, das leicht in den Zopf eingearbeitet werden kann.

Mein Tip:

Zöpfe mit Federn und Leder eignen sich nicht als ständiger Haarschmuck, denn Seife und Shampoo setzen den Federn ziemlich zu.

Navajo 🪶🪶🪶🪶

So wird's gemacht

Der Zopf ist »lose« gearbeitet und wird mit dem Haargummi in der Frisur befestigt. Die ersten 7 Fäden in der Mitte zusammenlegen, so daß sie doppelt liegen, und am Haargummi befestigen (siehe Seite 8/9).

C Zwei weitere kurze Zöpfe nach Punkt **A** herstellen. Statt des Haargummis einfach einen Faden verwenden. Am oberen und unteren Ende jeweils eine Spirale anbringen, wobei die unterste Spirale keine Öse braucht: Die Fäden werden 3,5 cm unter dieser letzten Spirale abgeschnitten.

D Aus dem dickeren Silberdraht zwei Achten formen (siehe Foto unten) und als Verbindungsglieder zwischen den Zöpfen einsetzen.

Material

Anchor-Perlgarn Nr. 5
(Coats Mez)
3x7 Fäden/90 cm:
3x1 Faden schwarz (403);
je 3x2 Fäden pink (89), lila
(112) und hellila (342)
Silberdraht, (Ø 0,8 mm)
Silberdraht, (Ø 1,0 mm)
Spitzzange

A In der Farbfolge Hellila, Lila, Pink und Schwarz jeweils 2 cm Befestigungsschlaufen knüpfen. Am Ende des schwarzen Abschnitts alle Fäden abschneiden.

B Aus dem dünneren Silberdraht eine ca. 0,5 cm lange Spirale um das Ende der Knüpfarbeit wickeln und am Ende eine Öse bilden. Die oberste Wicklung mit der Zange fest um den Zopf drücken, damit die Spirale nicht rutscht.

Irokese

Material

Anchor-Perlgarn Nr. 5
(Coats Mez)
4 Fäden/200 cm:
2 Fäden schwarz (403);
je 1 Faden rot (335) und
gelb (293)
Silberdraht, (Ø 0,8 mm)
Spitzzange
kleine Glasperlen
Perlnadel
dünner Gummifaden
(Kaufhaus)
1 Haargummi

So wird's gemacht

Der Zopf ist »lose« gearbeitet und
wird mit dem Haargummi in der Frisur befestigt. Alle Fäden in der Mitte
zusammenlegen, so daß sie doppelt
liegen, und am Haargummi befestigen (siehe Seite 8/9).

A Einen langen Gummifaden einfädeln und ca. 40 cm bunte Glasperlen
auffädeln. Den Perlenfaden zu den
8 Garnfäden dazulegen. Durch den
Gummifaden lassen sich die Perlen
bequem hin- und herschieben.

B 1 Faden rot und 1 Faden schwarz:
3,5 cm wickeln. Dabei zwischen den
Fäden ab und zu eine bunte Perle
fassen. Auf diese Weise werden die
Perlen bis zum Abschnitt **G** in den
Zopf eingearbeitet.

C 2 Fäden schwarz: 6 cm wickeln,
ab und zu Perlen fassen.

D 2 Fäden rot: 4 cm wickeln, Perlen
mitfassen.

E 2 Fäden gelb: 6 cm wickeln, Perlen
mitfassen.

F 2 Fäden schwarz: 4 cm wickeln,
Perlen mitfassen.

G 2 Fäden rot: 1,5 cm wickeln, Perlen mitfassen. 4 cm Befestigungsknoten, dabei den Gummifaden
sichern und den Befestigungsfaden
der Perlenstäbchen einknüpfen
(Herstellung der Perlenstäbchen
siehe Kasten Seite 47.)

H 2 Fäden schwarz: 1 cm Befestigungsknoten. Alle Fäden abschneiden.

*Marie (links) liebt die bunten Perlen
am Zopf »Irokese«. Milena schwärmt
für die Buntstiftfarben des Modells
»Pawnee«.*

Perlenstäbchen

Auf 5 Silberdrahtstücke (jeweils 3 bis 4 cm lang) je 8 kleine Glasperlen aufziehen und an beiden Enden mit einer winzigen Öse sichern. Durch die 5 oberen Ösen einen Perlgarnfaden ziehen und oberhalb der Ösen verknoten. Die Perlenstäbchen sollen sich aber noch locker bewegen. Den doppelten Faden ca. 5 cm oberhalb des Knotens abschneiden und in das Ende des Zopfes mit einknüpfen (siehe Punkt *G*).

Pawnee IIII

Material

Anchor-Perlgarn Nr. 5 (Coats Mez)
8 Fäden/200 cm:
je 2 Fäden grün (189), blau (149), rot (46) und gelb (291)
1 rote Glasperle (Ø 12 mm)

So wird's gemacht

Der Zopf ist »lose« gearbeitet und wird mit dem Haargummi in der Frisur befestigt. Alle Fäden in der Mitte zusammenlegen, so daß sie doppelt liegen, und am Haargummi befestigen (siehe Seite 8/9).

A 1 Faden gelb: 2 cm Befestigungsschlaufen.

B 1 Faden gelb und 2 Fäden grün: Webmuster. Dafür *2 Fäden grün nach oben legen. 1 Faden gelb: 2 Wicklungen. Grüne Fäden nach unten. 1 Faden gelb: 2 Wicklungen. Ab * 2x wiederholen.

C 2 Fäden blau und 2 Fäden rot: Webmuster. *Rote Fäden nach oben legen. 2 Fäden blau: 3 Wicklungen. Rote Fäden nach unten. 2 Fäden blau: 1 Wicklung. Ab * 2x wiederholen.

D 2 Fäden rot und 2 Fäden gelb: * Gelbe Fäden nach oben legen. 2 Fäden rot: 1 Wicklung. Gelbe Fäden nach unten. 2 Fäden rot: 1 Wicklung. Ab * 4x wiederholen. 2 Fäden rot: 3 Wicklungen.

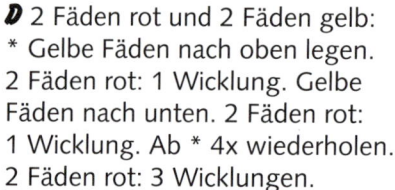

E 2 Fäden gelb: 3 Wicklungen.

F 3 Fäden grün und 1 Faden blau: Webmuster. * 3 Fäden grün nach oben legen. 1 Faden blau: 2 Wicklungen. 1 Faden grün nach unten. 1 Faden blau: 2 Wicklungen. 1 Faden grün nach unten. 1 Faden blau: 2 Wicklungen. 1 Faden grün nach unten. 1 Faden blau: 3 Wicklungen. Ab * 3x wiederholen.

G 1 Faden rot: 2 cm Befestigungsschlaufen.

H Punkt **B** bis **G** wiederholen.

I 1 Faden grün und 1 Faden gelb: 2,5 cm wickeln.

J 1 Faden blau und 1 Faden gelb: 2,5 cm wickeln, 3 bis 4 Befestigungsschlaufen.

K Perle auf alle Fäden ziehen und mit einem dicken Knoten sichern. Fäden 4 cm unter dem Knoten abschneiden.

Die Deutsche Bibliothek – CIP-Einheitsaufnahme

Indianerzöpfe:
modische Hair-Wraps aus Garn, Federn und
Perlen/Marina Schories. [Fotogr.: Klaus Lipa]. –
Augsburg : Augustus-Verl., 1996
  ISBN 3-8043-0442-7
NE: Schories, Marina; Lipa, Klaus

Autorin und Verlag danken der Firma Coats Mez für
das zur Verfügung gestellte Material sowie den Fir-
men Sport Wagner, Augsburg, und Rumpelstilzchen,
Fachgeschäft für Kinderbekleidung, Augsburg, für
ihre Unterstützung der Fotoaufnahmen mit Kleidung
und Requisiten.

Fotografie: Klaus Lipa, Augsburg
Lektorat: Helene Weinold-Leipold
Zeichnungen: Claudia Wiedenroth, Augsburg
Umschlaggestaltung: Christa Manner, München

Layout: Anton Walter, Gundelfingen

Augustus Verlag Augsburg 1996
© Weltbild Verlag GmbH, Augsburg

Satz: Gesetzt aus 10 Punkt Syntax Roman
in Quark-X-Press von Walter Werbegrafik,
Gundelfingen
Reproduktion: GAV, Gerstetten
Druck und Bindung: Himmer, Augsburg

Gedruckt auf 120 g umweltfreundlich elementar
chlorfrei gebleichtes Papier.

ISBN 3-8043-0442-7
Printed in Germany